1 — COLEÇÃO POESIA CÍTRICA

São Paulo, 2020
1ª edição
ISBN 978-85-92875-63-3

Rubra

ANA LUIZA

LARANJA ● ORIGINAL

Eu, que digo que quando eu canto o mundo é meu, e pensava que tinha somente o ar para ser quem sou, ouvi-me *poetante* antes de me ler poeta.

Pensava em decassílabos dias a fio, uma palavra encravada nas ideias por semanas, um ritmo, um mote, um par de sílabas. A alegria de decifrar os pares nos ímpares. Os encontros de alma. Uma dor de amor que quase preferia a disjunção ela mesma pra poder achar meio de fazer brotar uns versinhos. A necessidade de Beleza. Certezas nascidas das sementes de incertezas. A morte tão próxima da vida, que mostra sem piedade que não dá mesmo descanso. As palavras, as palavras, as palavras.

E eis que então nasce *Rubra*, título do meu primeiro soneto e do meu primeiro livro.

Sempre me chamou a atenção a maneira como as pessoas agradecem quem as auxiliou a concretizar sonhos. Detesto ululâncias, e eis que, na minha vez, custa-me escapar do óbvio: Deus ou os deuses, meus pais, meus irmãos e minha família, meus amigos, meus parceiros, meus mestres, os que constroem comigo a minha jornada. Os que já se foram, que me guiam e protegem. Os que vieram antes de mim e que são o ouro que me habita.

Então vou por aqui: sou grata desde o fundo da minha alma a cada segundo de vida que me conduziu a bordar meus *poemetos* em formato de livro. E em cada segundo de vida cabe bastante gente.

Respeito desde o fundo do meu coração toda a dor: porque não foi ligeira, nem mansa, ensinou-me a alegria.

Não é pouco agradecer por estar viva num tempo como o que vivemos, de extensa e crescente expressão da barbárie, de um tal retorno do reprimido que me custa acreditar que enfim mostrou-nos seus dentes. Em que vemos na cara do dia o que nem mesmo nos pesadelos mais terríveis e escuros alguém ousaria imaginar. Tempos de feiura, de paralisia, de medo, de contração, de brutalidade, de tristeza: tempos soturnos no desumano que nos esfregam nas fuças.

Sinto que, humildemente, mas não sem estatura, o meu cantar e o meu dizer, a poesia que neles eu faça habitar e reverberar nas sensibilidades que os alcancem, são ferramentas. São gritos. São resistência. Se elixires, unguentos, banhos, benzimentos; se sustos, socos, sonhos, sorrisos, saberes; se pontapés, desvios, desfrutes, alentos, alegrias; se sombras, raízes, ou asas, não sei.

Meu ofício é ser isso aí mesmo. Potência de brisa, fêmea insone, nau noturna, desvario. Ambiciosamente coincidir tempo de fora e tempo de dentro, meu lirismo e a Épica do mundo, o máximo que o meu fôlego alcance.

Aos olhos e ouvidos vossos, sou profundamente grata.

E só pra não deixar de citar textualmente alguém nos agradecimentos, louvo a proteção e orientação de Seu Sete Sepulturas e Dona Maria Padilha, meus anjos-feras. São vossas a minha voz e a minha lavra. Como sabem, e me ensinam, e me cobram, a Arte que me habita e transpassa é para estar a serviço. Salve!

O CANCIONEIRO DA SEREIA

A poesia se alimenta da voz de cada poeta que surge. Quando alguém faz um verso, dá uma significativa contribuição para perpetuar a estranha magia que impera nos recantos da linguagem. Na verdade, quem faz um poema alimenta o espírito e o intelecto. Por isso, quando aparece um novo poeta, o Universo estampa um sorriso no Infinito. E quando o poeta traz em seu alforje a vivência de outras artes, aí se dá um banquete em todas as galáxias. Pois, agora, o Universo está em festa, porque Ana Luiza, cantora admirável, traz à cena *Rubra*, seu livro de estreia, uma potência poética que provoca arrepios.

Muitas peças deste poemário aparecem sem título. E poderiam ser chamadas apenas de *canção*, porque escorrem tão melódicas e tão sonoras aos sentidos, que dá vontade de já sair por aí cantarolando cada verso.

Logo no início está o poema "Ai, quem me dera", que traz entre parênteses a informação de que fora musicado por Luis Felipe Gama. E, de fato, após a leitura fica claro que se trata de uma canção, cujos versos prenunciam suas referências poéticas, que são recorrentes ao longo do livro. Simultaneamente, o poema é movido por uma acentuada melancolia e pela musicalidade das palavras, traço comum na poeta carioca Cecília Meireles. A fabulação, que gira em torno de um amor ausente, condiciona toda uma maneira de articular as palavras para que expressem de forma latente a angústia causada pela desilusão amorosa, características tão peculiares na obra da portuguesa Florbela Espanca.

No soneto "Anticantiga de amigo", Ana Luiza, sereia suprema, encanta os ouvidos e enfeitiça os sentidos. Não há vivente, não há Ulisses que não se renda ao verso seminal e pulsante da poeta que se despe de tudo para ofertar "A chaga aberta do amor vivo". Ao contrário do que sugere a última frase do soneto, nada na lira de Ana Luiza é em vão.

No poema "Não me fiz misteriosa", tal qual Florbela, entrega-se ao desejo e, sem nenhum pudor, nem resquícios de medo, atira-se ao precipício só para sentir o acontecimento – e algo sempre acontece, porque até o nada é um acontecimento. E após o silêncio do vazio, há de surgir algum caminho, algum gesto do destino.

Precipitando-se, cada vez mais, a poeta canta em "Billet-doux en blanc":

teu abraço de artifício
lançou flores de carinho
à fogueira de minh'alma
feita de dor e memória

encantada como brisa
pus bandeiras coloridas
nas janelas dos meus olhos
e vesti-me para o baile...

acendi meus balões
cedo demais

Ana Luiza, poeta cosmopolita, já se encontrou com todo tipo de gente, afinal o que é a existência senão a busca do encontro, consigo mesmo e com o outro? Nesse movimento de encontrar o olhar, de se estender ao abraço e de entender o sentimento do outro, é que se desdobra e se conforma uma peça rara como o poema "Gente que passa" que, como quase todos deste livro, traz na sua superfície uma melodia que clama por ser descoberta. Coube ao cantor e compositor Zeca Baleiro afinar os ouvidos com o diapasão da poeta e trazer à tona uma bela canção. Ainda sobre "Gente que passa", pode-se dizer que é uma *letra* irmã de "Encontros e despedidas", canção feita nas esquinas das Minas Geraes, por Milton Nascimento e Fernando Brant.

A alma latina desta poeta paulista se adequa com muita facilidade ao idioma de Cervantes, ao ponto de criar, dentro da sua linguagem livre, sem fronteiras, um perfeito poema de amor em espanhol, ou melhor dizendo, um "Poema del amor perfecto":

> Amaremos nuestros miedos, nuestra carne, las palavras,
> La poesia de la lluvia que fustiga e testiga
> Nuestras tantas blancas noches
> O mañanas, tan rebeldes como frías.
>
> Así es mi tonto poema del amor perfecto.
> Perfecto como todos los que no sucederán.

Na verdade, em um conjunto de 77 poemas que compõem este livro, seis foram feitos em espanhol, o que justifica ainda mais o título ibérico do livro: *Rubra*.

Sobre o antológico "Jagunço do Sol", fica registrada, aqui, a perplexidade diante da força e da beleza deste poema. Por isso é preferível silenciar impressões sobre gestos estéticos, porque qualquer movimento será de completa rendição a tudo que é sublime e jorra neste poema. Mas há uma palavra que o define bem: Epifania. É como se, finalmente, nas Veredas do Grande Sertão, Diadorim e Riobaldo tivessem se amado durante toda a eternidade de uma tarde. Epifania!

E é assim mesmo: uma noite; uma tarde; ou uma manhã. Um instante apenas pode se perenizar quando tocado pela lira amorosa de Ana Luiza, a exemplo desse terceto, que faz parte do "Soneto libre para un tonto sobresdrújulo":

Felizes e em paz por uma noite
Infinda porque nela fomos mais
Não houve o que a nós fosse negado.

Outro momento apical de *Rubra* é o poema "Homem do mar". Se em "Jagunço do Sol" há um amante presente, cujo corpo é cantado e decantado por uma moça branca de neve, em "Homem do mar" quem tem voz é uma moça da cor de louça que se idealiza na inexistência: seu amante singra os mares num barco onde não existe nenhuma moça da cor de louça. Mas essa moça traz no âmago a musa branca de neve e sabe que é muito mais, e segue seu caminho de cais, porém sempre pronta ao encontro:

Seja meu corpo teu porto, homem do mar.

Em cada poema ecoa a voz suave de sereia da poeta, senhora dos prazeres que habita uma ilha idílica, visto que também é herdeira de Safo. Sem dúvida alguma, Ana Luiza é uma feiticeira, cuja maior magia acontece quando abre a boca para cantar, porque o que se escuta é a voz de uma deusa a espalhar os encantos da mais pura poesia:

Quisera que em meu ventre de sereia
Naufragassem teus barcos, teus brinquedos,
Teus cavalos, teus castelos de areia,
Teus mapas, teus tesouros, teus segredos.

Para Luis Felipe Gama, o pianista selvagem, seu companheiro de arte, seu constante parceiro de música, que está sempre a criar esferas musicais para serem emolduradas por sua afinadíssima voz, a poeta dedica uma comovida e comovente "Ode e Prece" em que dá graças:

À vida que não desperdiças nem perdoas,
À vertigem do voo que entoas e ofereces,
A alegria de caminharmos lado a lado,
Prata e adaga,
Coroa e cetro,
Ode e prece.

Rubra é poesia universal, é coisa *mais maior*. *Rubra* é poesia de mulher, porque como ensina a poeta Myriam Fraga, "Poesia é coisa/ De mulheres". Sendo assim, nesta obra inicial de uma vera poeta todas as mulheres emergem e caminham juntas, de mãos dadas, para louvar o nome de Tassyana Mayara da Silva André, a menina degolada, e para protestar contra o feminicídio que assola estes tempos ditos pós-modernos, mas tão obscuros. Assim, conclamam todas as vozes, agora sem distinção de credos e sexos, na voz da poeta Ana Luiza:

Tua dor, teu pavor, teu horror, menina,
Teu gesto de recusa em vão
Honrarei à luz de um verso
Aceso em teu nome,
E em nome de todas,
Porque nenhuma a menos
É o que somos, menina,
E o que sempre seremos.

Fortalecida pela Poesia, adaga do seu destino de resistência, a destemida sacerdotisa da arte aceita o desafio e brada:

pode vir.
estou pronta.

Desejo mesmo que cada leitor chegue aqui com o sentimento aberto e faça por merecer as sementes poéticas de *Rubra*, este cancioneiro da sereia Ana Luiza, poeta de amplos horizontes, cujo canto perpassa os sete mares, embora emane de uma voz que habita o cais, porto seguro de qualquer vivente que esteja disposto aos delírios e aos contornos de quem domina marés e ventos com a majestade do verso.

José Inácio Vieira de Melo

I

O que, afinal, é sinistro,
Porque impõe à mesma cura
A luz e a faca
É assim também – viés da Lua –
Assombro percutido, raios,
E mesmo raso caminhar de passos.

(Não houvesse o que restasse vago, quem suporia que haveria a sina? Quem saberia que o que liga ao corpo, aos braços, a voz do espectro, e outros traços, parece tanto menos que nem ninha, e é mesmo mares de todos os laços)

II

Nem era por haver pergunta que perguntara ao tempo o que passava,
Era maneira de dizer só como fosse
O silêncio que restasse enclausurado
No miolo dessa hora e o embaraço
De sentir o que se sente atrás da noite.

E sobrou ainda algum espanto
Por que o escuro, assustado em sonho, haja decidido em versos
Pela luz da Lua?

Luis Felipe Gama

Então eu soube.
Vindo assim, do meio do cinza do nada, o arrepio de uma certeza:
Eu sou isso mesmo.
Léguas de livros, lágrimas em rios, horas de divã, novelos infindos de pensamentos, conversas definitivas, rebobinagens, declarações categóricas.
Então a certeza veio, em sua decantada potência de brisa.
E eu sorri, olhos fechados, e agradeci.

AI, QUEM ME DERA

(musicado por Luis Felipe Gama)

Vento
Alma indomada do mar
Tempo incontável do mar
Sussurro de uma quimera
Ai, quem me dera
Soubesse o mistério de amar

Onda
Noiva de naus e de cais
Sopro incansável que traz
Promessas de uma espera
Ai, quem me dera
Voltasse o tempo pra trás

Lua
Anjo da noite no ar
Cúmplice de rituais
Ao som de sereias em festa
Ai, quem me dera
Tragasse o amor nunca mais

Água
Mágoa lavada sem paz
Veste de vento o meu bem
Sussurra o amor nessa prece
Ai, se eu pudesse
Levava-me a vida também

RUBRA

Do outro lado da galáxia tu dormes
Do lado de dentro da alma eu sangro
Sem que se possa ouvir o som do assombro
Sem que possas tomar outro tamanho.

Dormes plácida mas inutilmente
Já soubeste de mim dos ventos fortes
Não caberá a mim roubar-te o sono
Nem saber, quando acordas, o que sentes.

Lamento mais que lamentavelmente
Hoje dói-me, hoje nego e me estranho.
Mas se há que ser de sol o que foi lua,

Lunar, feita de voz, te emociono
— ou rubra, caso o tempo não transforme:
O vão espatifar da rosa crua.

ANTICANTIGA DE AMIGO

Nem me deixaste contar meus segredos
Pouco ou nada de mim tu ouviras
Além da voz de sereia e aedo
com que encantei nossos primeiros dias

Temeste o gesto, a aurora, a brisa
Te encobriste e te acovardaste
Pelo temor de que eu te enfeitiçasse
E enjaulasse o ingênuo coração

Com teu silêncio de adaga de prata
Com que negaste até mesmo o teu não
Me enrubesceste e me alvejaste...

Restaram em mim o desejo do nada
O sal dos dias que nunca virão
A chaga aberta do amor vivo em vão

Não me fiz misteriosa
Nem difícil e nem rara
Fiz-me clara
Ignara
E desejosa

Não me fiz tão majestosa
Quanto arfante e imprudente
Delatei-me
Inocente
E ardilosa

Te sofri em verso e prosa
Desvelei-me descontente
Esperei-te
Ansiosa
E impotente

Foste areia movediça
A tragar minha alegria
De sorrir
E de agir
Impunemente

Vi-te longe bem de perto
Atirei-me ao precipício
À espera
Do teu gesto
Inutilmente

Finda a queda, saberei
Se o silêncio que escutei
De deserto
De enterro
Ou de hospício

Terá sido a rendição
O final de um início
Um caminho aberto em vão

Ou a jura
A candura
O carinho
A devoção

No altar de sacrifício
Sobre o qual fiz meu ofício
De ser tua sem razão

BILLET-DOUX EN BLANC

teu abraço de artifício
lançou flores de carinho
à fogueira de minh'alma
feita de dor e memória

encantada como brisa
pus bandeiras coloridas
nas janelas dos meus olhos
e vesti-me para o baile...

acendi meus balões
cedo demais

tua jura desmedida
foi correio-elegante em branco
numa festa junina sem fitas

foi barraca dos beijos vazia
fechada antes da hora

foi maçã do desamor
foi lanternas apagadas
foi ciranda sem sanfona
foi quadrilha sem um par

o afeto que me deste
era vidro e se quebrou?
o valor que tu me tinhas
era pouco e se acabou?

Fustigada pelos ventos de uma ideia sem destino,
Alucino a breve trégua do teu beijo.
Régua e compasso em desalinho,
Desejo que meus passos tomem ritmo e ganhem corpo,
O meu, égua luzidia de alvorada,
O do tempo, laço frouxo e traço torto,
Ou de um desatino, qualquer um,
Que remova o ranço, o limo, o lodo, o bolor,
A geada de mágoa que queima a sina do meu amor.

GENTE QUE PASSA
(musicado por Zeca Baleiro)

Tem gente que passa na vida da gente
E não dói nem coça
Chega e só faz graça,
Não ameaça
Passa rente

Tem gente que demora mais um pouco
Seja pra entrar ou pra sair da gente
E renova, e remoça
Passa doce e contente

Tem gente, bem menos gente
Que não passa
Porque dura pra sempre dentro da gente

Tem gente que chega, sai e não avisa
Silencia imprudente
Deixa a gente numa espera
Dolorida
Fria e quente

Essa gente que chega e sai mas fica
Crava na alma da gente os dentes
A gente sente, enfrenta, revida
Mas dela não se livra impunemente
Nem que tente

Quando essa gente encanta a gente
Leva embora sem saber pra onde
Sem saber se volta
Um bom pedaço da gente

REFAÇO
(musicado por Luis Felipe Gama)

faço me refaço
faço trapo do nosso fracasso
troço roço me desembaraço
passo o traço nesse desenlaço

faço, faço e me refaço fácil
pouso sôfrego um soluço baço
no teu peito único regaço
e passo

passo porque posso
nasço no teu braço
fácil

Em meu seio pouso teu nome,
Teu belo nome, mote do meu anseio.
Teu nome, que reclama o meu,
Inteiro,
Já o disseste.

Não me esperaste
Ordenaste que eu não fosse tua,
Ainda.
Simples assim,
Nua.
Ou linda,
Como me disseste que eu era,
Assim, num jeito meu,
Um jeito que só existe
Porque me viste
Porque me fizeste feliz
Porque me vestiste de aurora
No dia em que pousaste as mãos
Em meu rosto feito de espera.

Agora,
Ouço o silêncio de teus barcos noutro cais.
Nada mais
Do que o eco de outras eras
Perdidas no fundo do mundo
Ou nas tantas múltiplas esferas
De que são feitos teus passos,
Teus laços,
Tuas quimeras.

Vem, homem do meu assombro.
Diz teu nome em meus sonhos, diz...

PANAVISION

só queria ser a musa do teu clique, do teu filme
do teu traço, do teu passo, teu deslize, do teu crime
do teu bairro, da tua rua, da tua classe, do teu time
do teu gosto, teu desejo, do teu gesto de ciúme

POEMA DEL AMOR PERFECTO

Empezará sin prisa nuestro amor,
Así, sin nos darmos cuenta,
Una mirada, una palabra,
Una sonrisa, un rubor.

Así así, sin prisa ni temor,
Me leerás a mí i yo a tí,
Y en delirio, volando al viento,
Causaremos envidia a los ángeles más devotos.

Aunque de tu nombre de bautismo no más te acuerdes,
Cantaré mis melodías al oído de tus sueños
Para que nunca te olvides, ni nunca te abandones.

Sin que me despiertes
Contarás los lunares de mi piel blanca de nieve
Y constelarás tus cariños en mi alma para siempre.

Las horas no pasarán hasta que de nuevo sea tiempo
De oír tu corazón latir en mi pecho
De verme endiablada en la eternidad de tu brujo deseo.

Amaremos nuestros miedos, nuestra carne, las palabras,
La poesía de la lluvia que fustiga y testiga
Nuestras tantas blancas noches
O mañanas, tan rebeldes como frías.

Así es mi tonto poema del amor perfecto.
Perfecto como todos los que no sucederán.

Minha vida chega assim partida ao meio
Pela dívida impagável com o tempo
Tanta dádiva deixada ao relento
À espera de tomar forma de anseio

Eu te vejo e nem sequer assim te vejo
Olho aberto é meu olho sonolento
El recuerdo de te ver entre meus seios
Devaneios de menina que endoidece

O momento que entardece no horizonte
Esse laço que eu supunha desatado
O amor que recusaste, reverente,
Me entregaste à flor da noite revirado

E agora, meu amigo, o que é que eu faço
Com o pranto que me fere à queima-roupa?
Com a mão que ali me deste e me tomaste?
Com os pássaros bordados em meu peito?

Sabes bem que nada disso tem efeito
Se deixamos essa força à própria sorte
Se detenho meu sorriso em tua boca
E desenhas insensato a suntuosa
Mas estúpida sentença de outra morte

TUA FALTA ME BASTA

Tua falta me basta.

Minha casa se esvazia aos poucos
A cama
A mesa
O sofá
A geladeira.
Todos já se foram daqui.

Durmo no chão,
O mesmo em que deitamos nossos sonhos de nuvens
E nossos dias tecidos somente de palavras bonitas.

Restaram aqui meu piano
Minhas memórias em branco e preto
O gosto doce e amargo do teu beijo
As horas de amor sem pressa
E a vida fingindo que me ouvia
Pedir que nunca se acabasse.

se até o primeiro sol do dia
— o que só tu vês nas tuas manhãs tão tempranas —
partilhas comigo,
por que tu te enganas?
o que mais me diriam as ilhas em que abrigas teus percursos
                                      [de andarilho?
por que me adias?
por que tanto frio?

JAGUNÇO DO SOL

Minha poderosa memória,
Indomada, feminina e lunar,
Ora me guarda, ora me aprisiona,
E agora se impõe soberana
Sobre minha voz.

Vontade de fazer um poema que vertesse em palavras o teu corpo...
O que vi, o que dançou comigo,
O que pousou doce sobre mim,
O que curou meu silêncio
E feriu de morte a minha solidão.

Urgência de cravar no lombo dos versos
O que meus olhos não se cansam de lembrar:
A perfeição milimétrica dos traços,
O tanto de beleza que entrevi na penumbra de uma tarde tão
                                         [improvável
Quanto escrita nas paredes do meu desejo.

Tudo isso me impele ao risco de não ser capaz de inscrever, em sons,
Teu perfume de aboio livre,
Teus contornos de jagunço do sol,
Tua voz de centauro do vento
Por encanto transformado em meu homem, meu porto,
Meu segredo.

Lágrimas vertem sobre meu assombro,
Minha impotência de menina diante da grandeza do mundo,
Aquele que me doaste nos versos que me disseste
Naquela tarde sem sombra e sem dor,
Em que tocaste a branca seda do meu corpo
E me entregaste espada e coroa
Ao desfrute de um tempo que para
E nega o açoite
Pelo bem da alegria.

Mas saiba, moço de pele macia,
Que não te entreguei naquela tarde o meu coração.

Se o fizesse, aí sim estaria perdida para sempre,
Refém de uma trama sem saída,
Como uma sede que só se visse saciada numa taça de água salgada.

O encanto me enlaçou, a paixão não.

Talvez seja essa a nossa sorte,
Talvez seja essa a minha sina.

E desde então me sinto assim,
Grande como nunca,
Grande como sou.

Agora que além de tudo sei domar-te com meu carinho,
Reinante sobre todas as éguas luzidias de antes,
Como se fosse eu teu cais, teu desatino,
Sei que será distinto o enredo:

Soarão meus cantos de musa branca de neve,
Leve e rodopiante aos quatro cantos do destino,
Aquele mesmo que me deu a graça de, um dia,
Ter deitado meu delírio em teu peito
De homem,
De cavalo,
De menino.

Submersa
Minh'alma vaga
Encharcada
Das dores dessa nau incerta
Em que verti, solene,
Sua voz, sua mágoa, sua festa.

Noite,
O mar brilha negro
E duro
Ao açoite da lua indômita
Que sabe tudo dele,
Que sabe tudo de mim.

Singram as águas espessas
Sonhos e mãos de rocha
Que ferem o tempo dos dias
Que sabem do sal
Que sobra do silêncio
De quem vaga só e à deriva.

SONETO LIBRE PARA UN TONTO SOBRESDRÚJULO

Entre a vida que se vive e a outra, que se intua,
Zombou de mim tua mirada
Entre os olhos de mistério
Que me ofertaste na entrada.

Um segredo se anunciava:
Ia ser tua.
E assim foi, inconteste.
Leste minha alma, toda ela, nua.

Felizes e em paz por uma noite
Infinda porque nela fomos mais
Não houve o que a nós fosse negado.

Giramos no ar como anjos
Entraste em minha vida para sempre
Reinei tua deusa, e tu, meu cais.

DOIS MIL ANOS
(musicado por Luis Felipe Gama)

Vertem pelas mãos vertem
Veias farpadas
Sob o solo seco e quente da carne branca minúscula

Virgem de amores verdadeiros
Tola em longas sombras assustadoras
De sóis de fim de tarde
Grossa crosta sob a pele fina

Branca noite
Voo cego
Dois mil anos esculpidos no peito

Qual falcão implacável
Cravará suas garras de máquina
Saltará absoluto sobre o abismo
Abraçará minha branca morte delicadamente?

(sempre às lágrimas)

quando a vida cochila
vacila em sua vigília
pouso as mãos em teu peito
e busco em tua boca
sem nem saber teu nome
o céu que não esqueço
o amor que desconheço
a paz que não mereço

Nasço à noite
Como erva
Como lua
Como assombro

Sou daninha.

Venho ao largo
Do ruído
Do provável
Do sentido

Sou a sina.

Sou sereia
Indomada
Sou amores
Sem destino

Semiárida.

Sou areia
Égua brava
Solitária
De certezas

Movediça.

Sou quem cala
A tua boca
Cheia e oca
Mel e fel

Sou maré.

Do alto de outra noite sem estrelas,
Sem sonhos, sem lua
Percorro os desvãos de minh'alma nua
Em vão

A noite, sempre ela,
A gritar silêncios e fantasmas
A meus tontos sentidos sem sentido,
Sem chão

Só, sobrevivo
Aos males que eu mesma inscrevo
Nos sulcos entre veias que antevejo
Nas mãos

Contradanço
Numa sala envolta em sombras
O que não foi e o que está por vir
Então

TEMPO DE ESTIO

Eis que vem, outra vez, o tempo de estio.

Meu sopro feito teu alento,
Tua chuva em meus encantos,
Tua voz, meu desvario.

Seguirei como rota e cais,
Serás novamente água e navio.

Velas e ventos se enlacem em festa
Pelo bem que o orvalho fez às éguas
E as fadas às flores mais agrestes.

Vieste.
Outro tempo sem dor e sem dúvida
E que nega o açoite pelo bem da alegria.

Num alinhamento qualquer dos astros,
Num átimo de cochilo da vida real,
Numa mínima janela astral,
Renderemos novas honras ao sol.

É isso.
Por ora, o estio.

E o silêncio.

DECASSÍLABOS NOCTÍVAGOS BRIC-À-BRAC

Espreita este peito em pânico
e caça
A nota com que o encanto ceda
à vida
Ou torna teu pulso atônito
e aceso
Longínquo espanto sôfrego
da presa

Pudera adivinhar o que se passa
Nas horas em que escondes os teus sonhos
Pudera conhecer qual o motivo
Por que impeças assim teu coração
De ouvir meu ventre a chamar teu nome
E a rogar que acalmes em silêncio
As minhas tempestades de mulher
Pra que delas recolhas meus carinhos
Guardados no olhar com que te brindo
E então cales nos meus os teus anseios

Homem do mar,
Tuas vagas arrebentam em minha alma
E assombram minha confiança de ter mesmo os pés no chão.

Areia, movediça certeza,
Obriga meus passos a moverem meus sonhos de menina-moça,
Moça da cor da louça que em teu barco não existe.

Se insisto, te vais,
A água do mar te leva para ainda mais longe.
Se temo, mas espero, almejo, desejo,
Te vejo.

Teu beijo de sal me ancora e alegra,
Tua voz de vento me protege da noite,
Então sigo meu caminho de cais.
Sou mais.

Seja meu corpo teu porto, homem do mar.

gota a gota
um silêncio sulfúrico
e inexplicável
me esgota as veias

a voz de sereia
o colo arfante
a mão que meneia
corroídos gota a gota

intraduzível o gesto gélido
da água fria
gota a gota na nuca
a ferir rins
a supurar apêndices
a exaurir gargantas

indescritível a secura
e o ardor desértico
de um silêncio que traduz
gota a gota
nada mais
do que o oco dos dias

eis que agora sei
o que seja tropeçar no próprio assombro:
sobra céu sob meus pés.

por ter sido quem te fez vir,
quem te fez vergar, quem te fez fremir,
sou hóstia consagrada ao demônio,
sou pérolas aos poucos, desvario,
sou o âmago de tântricos cânticos de antes.

porque enfim vieste
sou aquela que tudo pode,
que tudo sabe, que tudo é,
a que olha nos olhos da vida, que é fera,
que não sossega nem alivia,
que é o bem, nunca o meio, que é o mal,
ambos dançantes, fibrilantes,
dentro d'alma.

dançantes como a tua língua,
a tua boca, dona de mim, calma,
a tua fala, mântrica, seda azulada,
as tuas mãos, máximas, tenras como figos,
teus dedos ágeis, fogos de artifício
em meu dorso que adivinhas como seja,
em minha carne doce que enfim te ofereça
opiácea e febril
basta dizeres o dia.

és o sólido líquido do meu canto
com que te brindo vez em quando,
nu como eu no breu da noite
em que vi o que esperei sonhos a fio.

és o homem do meu assombro.
és seiva, nuvem, duna, fresta,
és arco, és garoa, dilúvia gota d'água,
és anel e és farol, fogueira e punhal.

és batalha entre galáxias, ampulhetas, versos rubros,
és meu peito feito festa, seresta, lusco-fusco,
decassílabo noctívago, insônia sinuosa,
és noite de junho
e a lua brilha medrosa.

E eis que então a noite chega.
Inteira.
A pino.
E com ela, o silêncio dos ventos do deserto
e o ruído sinuoso e secreto das areias.

Meus passos,
que agora noite afora vagarão a esmo
pelos quadriláteros ocos do meu coração,
vão precisar que alguma janela se abra,
alguma lua se mostre,
alguma voz os escute,
algum mar se enfureça.

Só assim poderei calar minhas sombras
até que o dia enfim amanheça.

A dose, a solidão, o desalento,
Florada ressequida de relento,
Balbúrdia, escândalo, esquecimento,
Meu peito, feito fel, curvado ao vento.

A hóstia, o desgosto, o portento
Do homem que anistia sua espada
Que cobra a alma límpida da enxada,
Que verga seu torrão ao sal do tempo.

Ó vida, que esplêndida morada
De tantos cantos de arrependimento!
Instaura como finda a minha jornada!
Suspende em teu fogo o meu intento!

Reclama, ó justíssima senhora
As horas que perdi em sedimentos,
Em ruínas, em infâmias, em silêncios,
Em busca de estúpida desforra.

Dai-me, ó morte em vida, o seu negrume
E tange minha espádua sem piedade
Que a vida, sem ser mais do que queixume
Nem mesmo há de servir pra ser saudade.

às vezes indago
se o amor por acaso
não é simplesmente
no passo da vida
no que ela é noite
o tempo que para
que nega o açoite

Me gustaría hacer nacer de mis manos un poema
Sencillo, como tú me llegaste,
Brazos cruzados, una pregunta breve,
Una sorpresa sincera.

Pero una vez que heriste de muerte mi mirada de soledad,
Haciéndose presente y valiente
Delante de la reina de los tiempos y vientos - la distancia,
Cómo ni siquiera temblaste, ni tampoco esperaste un solo
                                      [segundo más,
El poema no nace.

Solo recorre las flores que crecen de mis nuevas alegrías,
De las estrellas que constelas en mis noches antes vacías,
Del hambre de sueños que antes yo tenía
Y que ahora llevan tu nombre,
Tu voz de oro,
Tu corazón entero,
Tus manos de hombre:
El hombre que yo quiero.

ENSAIO

Ensaio no silêncio dos meus passos
Os passos de uma dança sem teus gestos
Ensaio sobre o adeus dos meus abraços
Os braços que entrelaço em meu passado

Esgarço no escuro do meu corpo
A trama sem sentido do meu medo
E esvaio na penumbra do outro dia
A insepulta alegria de um segredo

Quisera que em meu ventre de sereia
Naufragassem teus barcos, teus brinquedos,
Teus cavalos, teus castelos de areia,
Teus mapas, teus tesouros, teus segredos.

Sim.
Vou esperar pra poder partilhar
Meu mundo e o teu.
Eu, que nem sabia quem eras,
Descobri em tua boca
A harmonia das esferas,
A beleza do fogo e do gelo,
O gozo inaudito como altar santo.
Dos teus olhos, francos,
Vieram os faróis de minhas certezas,
Eu, que por natureza,
Prefiro-os fechados, mansos,
Afeitos a miudezas, ao medo, ao pranto.

Agora,
Em que devo domar os demônios que ateiam fogo ao meu corpo
E que pedem que eu vá e faça e roube ou peça,
Que imploram que tu não te despeças,
Que não voltes ao que foste,

Sigo.
Contigo tatuado no peito,
Teu alento feito vento em minha garganta,
Tua mão pousada em meu ventre,
O mantra da tua voz de touro,
Dos pampas, dos mouros,
A me dizer que sim.
Vieste.
Eu vim.

Dentro do meu peito
Morava uma navalha.
Como eu, luzidia de alvorada,
Vivia só e era sem nome,
Comprava o dia pra vender a noite,
Atrasava o passo pra acertar o prumo.

"Quero algo grande contigo", me disse o forasteiro.
Chegou, tomou gole e posse.
Negou confiança não.
Enlaçou as patas do meu cavalo de luas,
E o rumo de seu laço lançado certeiro,
No pulso da sua voz de parar trovão,
De desvendar aboios no véu das estrelas de prata e nanquim,
Me disse: vem.
E eu vim.

Com tuas palavras de homem
O meu nome
O meu norte
Designaste.

Disseste.

Devolveste cor às minhas faces de neve,
Eu, que vestira de gelo e de sombra e para sempre
As noites secas, silenciosas e sós
Vividas sem sono nem sonhos.

Despertaste.

Minhas mãos, antes vazias,
Derramaram-se em ternura por teu corpo,
E postas lado a lado, palmo a palmo,
Mediram os quadrantes de festa e alegria
Que constelaste em meu peito.

Reinaste.

Pássaros brincantes,
Navegamos céus e mares nos instantes de poesia
Em que, eterno em mim,
Me ouviste sorrir um novo sim à vida.

Tu me amaste.

Eu te cantei meus carinhos
E num abraço de séculos de espera
Lufamos velas e versos
Fomos deuses magnânimos
Anjos e demônios em glória.

Decifraste.

A tarde caiu sobre nós
Suave e improvável
Indomada e febril
E meu ventre não mais foi teu enigma.

Minha voz cantou vitória.

Venceste.

Ahora, cuando estás así a mi lado, lindo,
Cuando tus dedos precisos
Toman nota de los mínimos detalles de mi piel hecha nube,
Cuando te siento el aliento en mi destino,
Antes de dormirme, sonrío.
Y agradezco.
No hay temor, ni siquiera al riesgo de nunca más volver a verte.
Quizás ni existas.
Seas solo un ángel
Que en un beso largo y dulce,
Volvió en flor mi mirada de soledad.

Venha
Celeste
Estranho
Repouso.

Enlace
Minha língua de fogo
Meu suspiro de anjo
Meu silêncio de neve.

Passe
Me venda
Me compre
Me leve.

Pájaros cuando bailan
Entre mi cuerpo y el tuyo
Lanzan flores al viento

Son risueños encantos
De un sutil hechicero
Que mirándome en los ojos
Me desata dos miedos:

De quedarme sin alma
Por me quitaren el aliento
Tus tempestades de amor

Y de moverme vagando
Por mañanas de otoño
Sola y gris de dolor

Vieste.
E contigo veio o que esperei sonhos a fio.
E então chega o tempo de te ires novamente
Não pra outra galáxia, onde te ouço dormir e acordar,
Mas aos confins do mundo, onde foste saber de ti
E onde não posso escutar
Mais do que o halo fino da tua presença,
Essa que só eu conheço, porque só diante de mim é que se revela.

Ela, essa tua presença,
voltará inédita, porque nem tu a conheces.

Intacta, porque deitei minha boca na tua,
Sigo ao som da tua voz que me guia.
Eu, pluma vadia,
Invado os meios, os extremos,
Roço boca e mãos em teus anseios,
E aguardo.

A próxima noite constelada,
A aurora que virá
Dirá, soberana, a hora
Que a vida me verá deitar meu delírio em teu peito.

ODE E PRECE
(para Luis Felipe Gama)

Porque me trouxeste de onde sempre vieste
Onde reinam teus dragões e tuas espadas,
Onde ancoram e de onde partem tuas naus,
De onde vêm o gelo e o fogo de tua lavra de poeta,
É hoje também dia de dar graças.

À vida de que te faças e que te nasça,
À vida que não desperdiças nem perdoas,
À vertigem do voo que entoas e ofereces,
A alegria de caminharmos lado a lado,
Prata e adaga,
Coroa e cetro,
Ode e prece.

ILHA DE VIDA

Cada pedra que se lança ao precipício
Cada gota que se esfuma envidraçada
Cada nova lua que se envaidece
Zonza de negro luar

Fosse em cada sombra sua própria sorte
Fosse forma em silêncio dissolvida
Fosse necessariamente sem sentido
Fosse sempre o seu desvão

Ilha de vida que a vida encolhe
Sangue, lua e chão
Desvalida a dor de toda a morte
Toda solidão

Vem do vão o início
Voo de prata e aragem
Vem da mão a cadência
Vento que é mar de amor e coragem

XAMABANDA
(para Alexandre Meireles)

A vida quando respira
Quando pulsa, dói, lateja
É punhal, rocha e deserto
Caverna, terma e tufão

É água que acaricia
Gargalhada que protege
Escuro que alumia
É fumaça e doce brisa

É Seu Sete e é Padilha
Vela e flor, cristal e mel
É a lua que nos rege

O tambor que prenuncia
A coragem e a vertigem
O salto e a imensidão

poesia.
essa teimosia que avança sobre mim
e que me arranca da tristeza sem norte,
sem forma, sem pulso, sem fim.
poesia,
já que me tiraste das sombras,
seja agora a adaga do meu destino de resistência,
eu que sou mulher e que sei que sou assim,
forte e densa,
nuance, seiva,
pranto, noite,
canto, silêncio.
para que o amor reine e floresça
é preciso que a maldade emerja
e a poesia a vença,
com versos lhe corte a cabeça,
com as mãos-palavras lhe verta a peçonha,
e como uma criança que sonha,
sopre em seus ouvidos
e bem no meio do peito: já basta.
venha sim, maldade,
pode vir.
estou pronta.

Gota.
Solo una gota.
Una sola nota.

Gota palabra
Gota piedra
Gota pausa eterna
Gota inundación
Gota seca.

Gota a gota
El silencio sulfúrico
de tu ausencia.

Gota sobresdrújula
Préstamela
Tácita
Brujuleante
Sumergida.

Tu aliento en mi garganta
A tragar las voces de un alma sola.

Una a una
Gota
Agota.

Faço rimas
De medrosa
Faço as malas
De remorso
Faço planos
De consolo
Faço notas
Porque só

Faço figas
De nervosa
Faço contas
De desgosto
Faço doces
De teimosa
Faço menos
Do que posso
Faço sempre
O que senão

Solidão é o nome do punhal
Com que a mão fria de uma saudade
Revida, vingativa e silente
Por medo ou por pura vaidade
A dor de uma chaga aberta ao sol
No peito de alguém que se arrepende.

mesmo que talvez não venha
a deitar nua em teu colo
roçar sonhos em teu peito
constelar uns asteroides
ou quem sabe uma miragem,
sombra, névoa, mansidão,

revelar-te nessas noites
os mais lúcidos brilhantes
moveria a linha tênue
entre nunca, sempre e antes...
restaurada a paisagem,
amanheceria então.

Por fim não vieste.
Triste, escolhi a solidão por companhia,
Teci a espera encolhida no frio d'alma que por vezes me arrebata,
Persisti no traçado de certezas que tua boca me oferta
E certa de que em meu peito não habitam só fantasmas, só silêncios,
Devolvi ao claro da noite as estrelas que tão logo me entregaste.
Foste em minhas mãos o açoite da saudade jorrando água doce.
Leve, dei-me ao gosto de estar só e não ser triste,
Ainda que não tenha te visto
No dia em que não vieste.

CADA GOTA
(gravado no CD "Entrelaço")

¡Cuánto te he hecho de menos!
¿Donde fue que te perdí?
La lluvia me ha lunado el corazón...
Mi voz que solía reír
Hoy solo te evoca:

Estréllame de rocío
Otóñame las blancas manos
Lléname de veneno
O de semillas de un otro verano
Insólame del frío
Del dolor del alma vacío.

Garanto, conheço
A conta que não quer fechar
Não quer ir embora
Não quer apagar a luz
Não quer dizer «Vai,
Porque se ficas
Não te esqueço»

Fechem as portas
Da vã filosofia
Com a gente dentro

Anacruzo com Netuno o mal que te fizeram
Oceano de distância
Feitiço de descrença
O ácido consolo da indiferença

Quero apenas o clamor do teu desejo
A calma vulcânica de um beijo
As línguas que naufragam mar adentro
Olhos fixos ante a imensidão do abismo
A pausa infinita de um suspiro
E mais nada.
Nem um endereço.

DISTÂNCIA

muitas milhas
numa reles linha reta
basta que as miradas
alejadas
não mais repousem
não mais desconfiem
do fio
e se olvidem

tua boca perfeita, exímia, exata,
sem remorso nem clemência
mais parece ter sido talhada
pelo demônio que mora nas quebradas
de quem vive à deriva das distâncias.

Tua boca me falta
Tua falta me esmaga
Monolítica e cúbica
Como um céu de abril.

Cínica,
A insônia nada de braçada
No mausoléu de desencantos
Que meu peito afoito guarda.

Nada. Servirão de nada
As velas que lufei mar adentro
Pra que fosses cais e convés dos meus desvãos
Súbito encanto içado à proa
Vasto tombadilho de surpresas e sorrisos.

Nisso a insônia é mestra.
Prover-me de segundos sem sentido
Os mesmos que me rouba e entrega às estrelas
Bússolas de tanta gente como eu
Vivente de sal e areia
E à deriva do desamor.

o deserto voltou a acender as luzes do convés.
velas feitas da resistência
de tuaregues e seus turbantes,
dunas imensas
movendo-se sonâmbulas,
o vento vagando leve
na noite silenciosa.

o deserto lembrou-se do mar distante.

a sereia, silente e submersa,
aguardou o mover das areias ao revés
e o desenho das mínimas estrelas
apontarem de onde viria o alento com que ressoar a voz
e destroçar em ondas o oceano ao qual ela,
num momento único de êxtase de beleza,
fundira-se em lágrimas.

a sereia esquecera sua natureza errante.

o deserto, soberano,
ditou o caminho dos ventos
e pôs-se então à espera
lúcido e sereno.
dominou a própria sorte.

a sereia, sábia,
lembra seu destino humano
e fabuloso de fera:
encanto, dor e saudade,
amor, mar e morte.

TEU LAÇO
(musicado por Luis Felipe Gama)

meu coração gelado
a manter ali eterno, guardado
um só braço e teu laço
minhas veias tão finas quase facas
tão tolas e azuis
tão azuis
tomadas todas juntas, emaranhadas
pra que não escape um só segundo do teu pulso

minha boca trancada
com tantas palavras inscritas
palavras todas de assombro
minha boca promessa de dizer nada
sorrir jamais

meus olhos secos trazem
súplicas vazias
as mãos frias e pousadas em um colo meu
duro, frio e meu
como o branco muro da morte

meu luto e meu leite seco
meu ventre calado e cego

o que seria de ti em mim?
o silêncio estufando o escuro...

Na dúvida
A certeza é cega
E assim trafega
Secreta e sinuosa
Faz do espinho a rosa
Da água a pedra
E entrega, úmida,
Dura, aguda e bela
A luminosa adaga da fé
Ao sabor de um átimo de sentido
Por onde abrir meu caminho
Ouvir afinal meu anseio
Meu desejo mais nítido
(Porque nele eu soe única)
De ser vento e ser maré

Chove dois dilúvios lá fora.
Quanto mais chove,
Mais sinto uma presença antônima a toda a violência e grosseria
[e burrice e feiura,
Mais quero aquele abraço que não termina
Porque nem sei bem onde é que começa.
Quiçá em qualquer peça de roupa, ou da casa,
ou de um dominó, destino rouco, que levou anos pra deixar que
[o fruto madurasse,
E formassem, polpa e caroço,
Um só corpo.
Diluo-me na chuva que não cansa nem teme nem peca e nem se
[arrepende,
Escuto o pulso frio do meu peito em desvario,
Puro desassossego,
Soluço o silêncio a que o oceano me condena,
E remo, a seco,
Sem destino.

Tua falta hoje me alucina.

Chove no deserto
e nos olhos que olham o deserto.
Mas o deserto não me vê.
Na noite fria do deserto
só o silêncio me mira.
Lembrará de perguntar
o que lhe pedi?
Saberá me dizer
em que duna andará a resposta?

Não vês que aguardo, deserto, no olhar do silêncio,
que me venhas coroar com tuas flores de lua?

Apavore
Agressive
Julgue insano o desatino

Silencie
Criptografe
Roa a linha dez do carinho

Desaloje
O que disseste
Desterrando o meu caminho

Metafore
Neologize
Desassuste o bem que te guardo

Escapula
Infamize
E desrime o que harmonizo

Desfibrile
Da tua parte
O que quase foi desamparo

Expressione
Desassombre
O receio que te causo

Despermita
O desencontro
Que mora no escuro do peito

Destitua
Retempere
Maratone o que é bonito

Me alcance
Tô do lado
E não peço o que não pressinto

Desatrele
De um abraço
De um beijo
De um encanto

De uma sorte
De uma noite
De um sussurro
De um espanto

Um projeto de insucesso
Uma prova de fracasso
Um modelo de suplício

Não mereces
Não mereço
Nada disso.

Eu não sei por que razão
Você fez por entender
Que já via, já sabia
Que eu devia desistir
De insistir em ter você

Quem foi que determinou
Que eu não era pra você?
Que de tudo o que restou
De algo novo que nascia
Era ter que te esquecer?

Quem foi que estabeleceu
Lá nos céus do bem querer
Que de tudo o que havia
De bonito que floria
Tinha que ser pra valer
Ou então que não valia?

Tinha que ser sem querer
Que querer ninguém podia?

Onde em vossa senhoria
Mora um bruxo que adivinha,
Que proclama, que faz crer
Que a desgraça, o padecer
Estão sempre em sintonia
Com o que nem bem se vê?

Ora veja, veja bem
Sei que você não duvida
Que a sede sem saída
De uma hora não vivida
É pior pro coração
Que a dor da despedida...

reverte
es
como nunca
quererte

Um silêncio pode ser lírico
— o olhar demorado entre duas pessoas
pode ser de espera
— o instante antes de um beijo roubado
pode ser de adeus
— a lágrima que insiste em correr face abaixo
E pode ser sem jeito, sem graça,
Estúpido, covarde, confuso, descuidado.
Demorado demais.

Teu silêncio, enfim, venceu.
Venceu o que quer que fosse brotar.
Venceu o que nem nasceu, nem respirou,
Nem cavalgou, nem voou entre estrelas,
Nem pisou areias nem viu o mar.

Calou qualquer voz e qualquer depois.

Apago agora os vestígios de afeto que só eu vi,
De afagos n'alma que fizeste ao léu
Incrustados entre palavras mal escritas
Nos milhares de segundos seguidos
Em que olhei do deserto o céu
E não te ouvi chamar meu nome.

A encantada franqueza com que enlaçaste meu coração
Não serviu pra nada mais.
Deixaste meus barcos à espera de um cais
E turvaste meu entendimento
Com o mesmo gesto com que deixaste à míngua meu carinho.

Segue sozinho meu coração.
Segue sozinho, mas ainda bate
E espanca a saudade que restou
Daquilo que nunca foste em mim.

Do convés vem o som.
Ela ouve música pela primeira vez.
Transtornada de tanta beleza,
A sereia, metade maldade e metade encanto,
Metade submersa e metade à flor d'água,
Rende-se, desiste de naufragar marujos
E às lágrimas,
Funde-se ao mar em água e sal.

Um é o homem do meu assombro,
Outro, o da minha surpresa.
De galáxias igualmente distantes,
São formas-movimento, instantes,
Devaneios de menina, semblantes
De sorrisos e de quimeras de antes.

O beijo que um me deu
Numa improvável tarde de primavera,
A noite que o outro me negou
Deixando-me atada à minha sina
De ser só e ser silêncio.

Tudo isso me ensina
A ser a voz da beleza,
A ser o sopro,
O tempo,
O sonho,
O manche,
A dança,
A marcha,
A nobreza.

À POESIA

Já que tu me salvaste do Silêncio
Dá-me todo o vigor de teus cavalos
Todo o norte que teu peito alinhava
A certeza encarnada de veneno
A nobreza do ofício mais sagrado
A voz grave e amorosa de um aboio
Que por ti proferido vale ouro

Ainda na lida,
Na rinha dos dias de idas e vindas,
Ainda que a sina cinda
E tinja de ira as minhas lágrimas de menina,
A vida, ávida,
Ainda assim revida,
E se revela assim,
Linda,
Infinda,
Minha.

Se a sereia soubesse dançar,
As dunas do mar, suas saias,
Moveriam luas e estrelas
Só pra vê-la ensaiar.

A sereia, se montasse
Cavalos marinhos lunares,
Domaria, tuaregue,
Os desertos e os olhares.

Como só sabe cantar,
Naufraga só por ofício,
Cavalga em ondas e luas,
Inveja areias e dunas,
Tem somente o sal como par.

MEU HOMEM
(gravado no CD "Entrelaço")

meu homem
profundo e escuro como pântano
luminoso como a prata de mil sóis de inverno
pulsante como todas as artérias nativivas

meu homem
valente como o vento
solar e esperançoso como o maior dos heróis

meu homem
que sempre soube quem fosse
que sabe ser cruel e ser doce
rápido como a flecha mais aguda
covarde como quem ama muito

meu homem
que é meu e que é do mundo
a quem jamais bastará uma alegria
se não puder ser para todos
a quem jamais comoverá o pranto
dos que não conhecem a noite verdadeira
a quem jamais haverá mais absoluta e única certeza
do que luiza e sua esplêndida fome de vida
do que joão e seus olhos oceânicos

meu homem
que é angústia e amizades
que é silêncio e é saudades
avô, não pai, natal
os bares e as cidades
o nunca mais, o nunca igual

meu homem
dono e servo das palavras
domador de sons, os seus e os dos outros
leão de arenas vastas como é vasta a sua alma

meu homem
cuja dor tamanha minhas mãos não detêm
cuja mágoa fere o peito e os olhos meus
cujo amor pelo mundo é maior que o maior céu

meu homem
de coração em carne viva e crua
insônia e desespero
lágrimas choradas no escuro

meu homem
guerra e paz num mesmo gesto
império e abismo num segundo

meu homem
a plenitude num verso bem escrito
a primavera numa só canção sincera
a presença divina num momento de sentido

meu homem
a quem jamais novamente acalmei
com minhas mãos asas temerosas
a quem jamais disse o tanto quanto o amo
e o tanto que me alegra o encontro
e desfrute de sóis e luas
como quem encontrasse
o que nem sabia direito que vinha buscando

meu homem
que vai tão alto e longe como a mais alta montanha
por onde desce aquela mesma noite estrelada franjada de infinito
a desfazer-lhe os contornos

meu homem
tanto homem
será meu?

quero deitar cabeça e sonho no teu peito
ontem e amanhã, hoje iguais.
quero o som do breu mais verdadeiro
teu silêncio em meu suspiro
minhas coxas em desvario
o meu sempre em teu nunca mais.

Ao leres para mim
Simultâneos serão os nossos universos
Íntimos
Imensos
Luminosos
Submersos ao som da tua voz de mantra.

Tu me lês.

Numa palavra que digas
Meus maus sonhos se dispersam
E tudo será espuma perfumada
Qualidade de presença,
Quase tudo e quase nada.

Paz será a minha sentença.

POEMA PRA MENINA DEGOLADA

(para Tassyana Mayara da Silva André)

Tua vida, menina,
Acabou aos dezesseis
Tua infância, menina,
Que mal findou foi degolada,
Será honrada, menina,
Nos cantos que cantarei.
Porque essa vida, menina,
É à prova de senso.
O que se vê e vive, menina,
São muitos por cento a menos.
O que é pleno, menina,
O que é belo e bom e justo
Luminoso e perfeito
É o que verás daí, menina,
Onde agora viverás.
Tua dor, teu pavor, teu horror, menina,
Teu gesto de recusa em vão
Honrarei à luz de um verso
Aceso em teu nome,
E em nome de todas,
Porque nenhuma a menos
É o que somos, menina,
E o que sempre seremos.
E na luta contra aquilo
Que venceu a tua vida
Pelas mãos da escuridão
Alçarei meu maior voo
Pra dizer que foste tu, menina,
A violada, a humilhada, a degolada
Mas que jamais serás deixada

À margem dos nossos passos.
Honraremos tua dor
No calor de mil abraços
Em nossas lágrimas de moça
Em nossas forças de fera
Na doçura do acalanto
De quem sabe desse mundo
O que sente um coração.
Vai com Deus, menina,
Vai com Deus.

Faço as unhas
Faço versos
Faço filhos que não vingam

Faço encantos
Pra desertos
Indistintos precipícios

Faço a musa
A sereia
De maldades e delírios

Sou somente
A que não rima
A mulher, a espera, a sina

FACA
(musicado por Luis Felipe Gama)

cabos-de-aço a me içar
a me distender
a me esgarçar
com dor sem dor
com lava nos olhos
com vespas no coração

de onde virei?
quem mais não poderei ser?

oh, faca
que nem amputa nem mata
rasga de uma vez essa alma
que não tenho mais
como conter
suas asas

versejo como quem cospe a semente
do fruto cujo sumo já sorveu.
mas ela, bem disposta a revolver
centímetros, silêncios, desatinos,
devolve sã e salva a poesia
a quem saiba fazer por merecer.

ÍNDICE DE POEMAS

Então eu soube	17
Ai, quem me dera	18
Rubra	19
Anticantiga de amigo	20
Não me fiz misteriosa	21
Billet-doux en blanc	23
Fustigada pelos ventos de uma ideia sem destino	24
Tem gente que passa	25
Refaço	27
Em meu seio pouso teu nome	28
Panavision	29
Poema del amor perfecto	30
Minha vida chega assim partida ao meio	31
Tua falta me basta	32
se até o primeiro sol do dia	33
Jagunço do Sol	34
Submersa	37
Soneto libre para un tonto sobresdrújulo	38
Dois mil anos	39
quando a vida cochila	40
Nasço à noite	41
Do alto de outra noite sem estrelas	42
Tempo de estio	43
Decassílabos noctívagos bric-à-brac	44
Pudera adivinhar o que se passa	45
Homem do mar	46
gota a gota	47
eis que agora sei	48
E eis que então a noite chega	50
A dose, a solidão, o desalento	51
às vezes indago	52

Me gustaría hacer nacer de mis manos um poema	53
Ensaio	54
Quisera que em meu ventre de sereia	55
Sim	56
Dentro do meu peito	57
Com tuas palavras de homem	58
Ahora, cuando estás aí a mi lado, lindo	60
Venha	61
Pásaros cuando bailan	62
Vieste	63
Ode e prece	64
Ilha de vida	65
Xamabanda	66
poesia	67
Gota	68
Faço rimas	69
Solidão é o nome do punhal	70
mesmo que talvez não venha	71
Por fim não vieste	72
Cada gota	73
Garanto, conheço	74
Distância	75
tua boca perfeita, exímia, exata	76
Tua boca me falta	77
o deserto voltou a acender as luzes do convés	78
Teu laço	79
Na dúvida	80
Chove dois dilúvios lá fora	81
Chove no deserto	82
Apavore	83
Eu não sei por que razão	85
reverte	87
Um silêncio pode ser lírico	88

Do convés vem o som   90
Um é o homem do meu assombro   91
À poesia   92
Ainda na lida   93
Se a sereia soubesse dançar   94
Meu homem   95
quero deitar cabeça e sonho no teu peito   98
Ao leres para mim   99
Poema pra menina degolada   100
Faço as unhas   102
Faca   103
versejo como quem cospe a semente   104

© 2020, Ana Luiza
Todos os direitos desta edição reservados
à Laranja Original Editora e Produtora Ltda.

www.laranjaoriginal.com.br

Edição *Clara Baccarin, Filipe Moreau e Germana Zanettini*
Projeto gráfico *Flávia Castanheira*
Produção executiva *Gabriel Mayor*
Foto da autora *Israel Kislansky*

Texto revisado pelo Novo Acordo Ortográfico
da Língua Portuguesa

Dados Internacionais de Catalogação na Publicação (CIP)
(Câmara Brasileira do Livro, SP, Brasil)

Luiza, Ana
  Rubra / Ana Luiza
  1ª edição
  São Paulo: Laranja Original, 2020
  (Coleção Poesia Cítrica v. 1)
  ISBN 978-85-92875-63-3

1. Poesia brasileira I. Título. II. Série.
19-29008 CDD-B869.1

Índices para catálogo sistemático:
1. Poesia: Literatura brasileira B869.1
Iolanda Rodrigues Biode – Bibliotecária – CRB-8/10014